LETTRES

AU

MINISTRE DE LA GUERRE.

LETTRES

AU

MINISTRE DE LA GUERRE,

SUR LES FOURNEAUX DES CASERNES,
LA FORTIFICATION ET LES MINES,

AVEC

OBSERVATIONS PRÉLIMINAIRES

INDIQUANT LA SOLUTION DU PROBLÈME PROPOSÉ PAR NAPOLÉON
SUR LES REDOUTES,

SUIVIES DE

NOTES SUPPLÉMENTAIRES

SUR L'ÉCOLE POLYTECHNIQUE, LE SIÈGE DE CIUDAD-RODRIGO,
LES GÉNÉRAUX ROGNIAT, HAXO, VALAZÉ,
ET LES FORTIFICATIONS DE PARIS.

PAR P.-M.-THÉODORE CHOUMARA,
CAPITAINE DU GÉNIE, AUTEUR DE PLUSIEURS MÉMOIRES SUR LA FORTIFICATION.

> Un seul homme, ou *peu instruit* ou *mal intentionné*, placé auprès d'un ministre, devient jaloux de son ombre ; pour conserver sa place, il s'oppose à toutes nouveautés qui pourraient faire croire qu'il existe des lumières supérieures aux siennes, de façon qu'en employant sa faveur à empêcher le bien, il obtient toutes les grâces dues à ceux qui seraient en état de le faire.
> CARNOT.

PARIS,
IMPRIMERIE DE H. FOURNIER,
RUE DE SEINE, N° 14.

1831.

AVERTISSEMENT.

On pourrait trouver une espèce de contradiction entre la fin de nos observations préliminaires et celle de notre première lettre; cette contradiction n'est qu'apparente, il est clair que l'homme ambitieux qui veut obtenir des grades emploie un autre langage que le nôtre, pour les demander; en rappelant nos services nous n'avons eu d'autre but que de mettre nos camarades en état de juger si ces titres valent les trois jours du siège d'Alger, et d'apprécier les jugemens du Comité du Génie.

On nous reprochera peut-être aussi d'avoir attaqué directement quelques-uns des membres de ce Comité; nous répondrons à cela que chacun doit porter la responsabilité de ses œuvres.

OBSERVATIONS
PRÉLIMINAIRES.

En écrivant à M. le maréchal Gérard, ministre de la guerre, je savais que, malgré l'importance des questions traitées dans ma lettre, ou plutôt à cause de cette importance même, l'influence de M. le général Haxo la ferait enfouir dans les cartons, pour étouffer autant que possible les vérités qu'elle contient. Malgré cette conviction, je me suis soumis à la marche imposée pour les affaires de service ordinaire, en faisant passer ce travail par l'intermédiaire du directeur des fortifications et des bureaux du génie du ministère de la guerre. Ainsi que je l'avais prévu, quarante jours se sont écoulés sans que l'on m'ait accusé réception de cette lettre; seulement j'ai appris indirectement qu'elle avait été renvoyée au comité du génie, qui l'a placée dans les objets d'art que l'on peut ajourner indéfiniment.

Si la France était dans une paix profonde, j'attendrais volontiers quelques mois de plus; mais lorsqu'une guerre terrible est peut-être sur le point d'éclater, lorsque de toutes parts on reconnaît la nécessité de se mettre en mesure, lorsque nos places fortes peuvent être appelées à jouer un si grand rôle pour la défense de la patrie, lorsque les camps retranchés et les fortifications de campagne vont devenir d'une indispensable nécessité, lorsque les villes et les villages devront peut-être les seconder et en remplir les fonctions en donnant de nouvelles représentations des admirables scènes des barricades parisiennes perfectionnées et renforcées par des coupures faites avec art; *lorsque enfin on parle de dispositions défensives autour de la capitale et que déjà on s'occupe des moyens d'exécution*, il n'est plus permis de garder le silence; les considérations particulières doivent disparaître devant l'intérêt général; on doit porter d'une main ferme le flambeau de la vérité sur les hommes et les choses, mettre à nu les passions honteuses qui s'opposent à toutes les améliorations, et signaler les intrigues qui privent le pays des avantages qu'il tirerait du dévouement des citoyens, s'il était encouragé au lieu d'être repoussé ou étouffé.

La haute opinion que j'ai de l'activité et des talens du ministre de la guerre actuel, la conviction où je suis qu'il est animé d'un ardent amour du bien public, m'auraient décidé à lui écrire directement, si je ne savais que les manœuvres qui ont été employées par mes adversaires se reproduiraient aujourd'hui avec plus de force et conduiraient au même résultat.

Dans les circonstances pressantes où nous nous trouvons, pour ne pas perdre un temps précieux, j'emploie la voie de la presse : c'est la plus sûre pour faire connaître la vérité. Puisse-t-elle parvenir jusqu'au ministre et fixer son attention sur ce qui suit !

Napoléon dans ses Mémoires a dit :

« Les fortifications de campagne sont toujours utiles, » jamais nuisibles, lorsqu'elles sont bien entendues.
» Les principes des fortifications de campagne *ont besoin* » *d'être perfectionnés; cette partie de l'art de la guerre* » *est susceptible de faire de grands progrès.* Si les pièces » ne sont pas dans les redoutes elles tomberont au pouvoir » de l'ennemi par une charge heureuse de cavalerie. Les » batteries doivent être placées dans les positions les plus » avantageuses et le plus en avant possible des lignes de » l'infanterie et de la cavalerie, *sans compromettre leur* » *sûreté.* Il est bon qu'elles commandent la campagne de » toute la hauteur de la plate-forme; il faut qu'elles ne » soient point masquées de droite et de gauche, de ma-« nière que leur feu puisse être dirigé dans tous les sens. »

Ces préceptes du plus grand homme de guerre

qui ait existé, sont d'une simplicité remarquable ; c'est le véritable programme du problème relatif à la fortification de campagne, tracé de main de maître, pour être transmis aux ingénieurs, qui sont naturellement chargés de la solution. Ne craignons pas de le dire, dans cette occasion, Napoléon a été compris ; la solution de cet important problème est trouvée, elle est aussi simple que les bases qu'il a posées.

Les fossés à glacis intérieurs proposés par le capitaine du génie Choumara pour les places fortes, s'appliquent avec une extrême facilité à la fortification de campagne et lui donnent un degré de perfection inespéré jusqu'à ce jour; *ils font disparaître les espaces morts, facilitent les feux directs et croisés, permettent de faire des redoutes qui reçoivent l'artillerie, la mettent à l'abri des charges de cavalerie en la portant en avant des lignes d'infanterie et de cavallerie sans la compromettre.* Ces fossés peuvent être défendus par des abattis, des chevaux de frise, des palissades, des eaux, des fougaces, etc. L'ennemi ne peut tenter d'enlever ces obstacles sans être exposé à des feux terribles de mousqueterie et de mitraille qui le détruiront infailliblement et rendront tous ses efforts impuissans ; avantage immense, dont ne jouissent point les fossés ordinaires dans lesquels les abattis et les chevaux de frise ne peuvent être employés utilement, et dont les palissades ou fraises, n'étant point vues ni défendues de l'intérieur de l'ouvrage, sont facilement détruites sans danger pour l'assaillant, qui est à couvert pendant ce travail.

Le plus habile des lieutenans de Napoléon, celui qui a su tirer un si bon parti de la fortification de campagne, toute imparfaite qu'elle était à l'époque de la bataille de Toulouse, partage sans doute les idées de ce grand homme à ce sujet; hé bien, que le maréchal Soult donne un quart d'heure d'audience au capitaine Choumara; il reconnaîtra, à l'inspection des plans qui lui seront soumis, que des dispositions d'une extrême simplicité donneront une influence décisive à cette branche de l'art militaire.

Le ministre de la guerre n'a point à craindre dans cette occasion de se trouver en présence d'un solliciteur; le capitaine Choumara regarde sa carrière militaire comme manquée et finie sous le rapport de l'avancement; son excès de zèle l'a tué; sa santé, détruite par un travail forcé et par des commotions trop vives, lui annonce que son existence sera courte; de toutes les ambitions il ne lui en reste plus qu'une, celle qui a constamment dominé toutes les autres, le désir d'être utile à son pays: sous ce rapport, satisfait d'avoir ouvert de nouvelles routes aux améliorations, d'avoir doté la France de plus de cinq cent mille francs de rentes, d'avoir fait économiser plus d'un million sur les fourneaux, il n'envie point les étoiles des généraux qui se sont vainement ligués contre lui pour le dégoûter des méditations sur les grandes questions de la science de l'ingénieur; s'il en croit ses pressentimens et les lettres qu'il a reçues d'un grand nombre d'officiers de tout grade, cette ligue n'empêchera pas que son nom ne soit cité avec quelque honneur, sinon comme celui d'un homme transcendant, au moins sous le rapport de la fermeté et du désintéressement qui ne permettent pas de compter les sacrifices, quand il s'agit de remplir des devoirs et de servir sa patrie.

Paris, le 20 octobre 1830.

A MONSIEUR LE MARÉCHAL GÉRARD,

MINISTRE SECRÉTAIRE D'ÉTAT DE LA GUERRE.

Monsieur le Ministre,

J'ai reçu la lettre que vous m'avez fait l'honneur de m'adresser le 27 du mois dernier (1),

---

(1) Voici cette lettre.

Paris, 27 septembre 1830.

A MONSIEUR CHOUMARA, CAPITAINE DU GÉNIE, A PARIS.

MINISTÈRE de la Guerre.

Personnel.

BUREAU du Génie.

Section du matériel.

Apppprobation d'un nouveau système de fourneaux proposé par M. le capitaine Choumara.

Monsieur, le Comité du Génie, à l'examen duquel j'ai renvoyé le procès-verbal des expériences de la commission chargée de constater les avantages du nouveau système de fourneaux à deux et à quatre marmites que vous avez proposé, a reconnu que ce système présentait les avantages suivans :

1° Économie de moitié environ, soit sur le bois, soit sur la houille ;

2° Économie de moitié sur les dépenses de construction,

pour m'annoncer qu'ayant reconnu les avantages que présente le système de fourneaux que j'ai proposé, le comité du génie a été d'avis :

« Que ce système fût adopté, et qu'à cet effet,

---

puisque le nombre des foyers sera réduit de moitié et qu'on pourra utiliser les grilles, portes, cendriers, tuyaux d'évacuation de la fumée des anciens fourneaux à deux marmites ;

3° Économie probable des plaques en fonte dont on recouvrait les fourneaux, parce que la réunion par des montans en fer des cercles supérieur et inférieur consolidera le massif en briques ;

4° Diminution de l'espace occupé par les fourneaux.

En conséquence le Comité a été d'avis que ce système fût adopté, et qu'à cet effet un extrait du Mémoire que vous avez rédigé sur cet objet fût inséré dans le plus prochain numéro du *Mémorial de l'Officier du Génie*, afin qu'on en fît l'application partout où le besoin de fourneaux de cuisine se ferait sentir.

Je me plais, Monsieur, à vous témoigner toute ma satisfaction sur ce nouveau résultat des études auxquelles vous vous livrez concernant les diverses parties de la science de l'ingénieur.

J'ai l'honneur d'être, Monsieur,
votre très-humble et très-obéissant serviteur,
pour le Ministre secrétaire-d'État de la Guerre,
le Directeur-général du personnel
Signé comte GENTIL DE SAINT-ALPHONSE.

« un extrait du mémoire que j'ai rédigé sur cet
« objet, fût inséré dans le plus prochain numéro du
« Mémorial de l'Officier du Génie, afin qu'on en fît
« l'application partout où le besoin de fourneaux
« de cuisine se ferait sentir. »

Je dois à cette occasion vous soumettre quelques réflexions qui vous convaincront peut-être qu'au lieu de n'appliquer ces fourneaux que partiellement, au fur et à mesure que les remplacemens deviendront nécessaires, il serait beaucoup plus avantageux de faire *immédiatement* ces remplacemens dans toutes les villes de casernement, car chaque jour de retard occasione une perte considérable au trésor.

Dans l'ancien système, la ration de bois étant de 7/60 de stère par fourneau pour une compagnie, tandis qu'elle n'est que de 8/60 de stère par fourneau pour deux compagnies, dans le système qui vient d'être adopté, il s'ensuit que chacun de ces nouveaux fourneaux occasione une économie de 6/60 ou 1/10 de stère par jour, c'est-à-dire trente-six stères par an.

<small>On doit les changer immédiatement, et les remplacer par ceux du nouveau système.</small>

Pour une armée de deux cent trente mille hommes, formant 3833 compagnies de soixante hommes, il faudrait mille neuf cent seize fourneaux, qui dans un an procureront une économie de soixante-huit mille neuf cent soixante-seize stères de bois, au prix moyen de 8 fr. 50 (1), donneront une somme de cinq cent quatre-vingt-six mille deux cent quatre-vingt-seize francs.

Il a été démontré par des états estimatifs rigoureux, déduits des constructions faites, qu'il n'en

---

(1) Le prix moyen du stère de bois, d'après le marché en vigueur, est de 7 fr. 46 c. : ainsi l'économie dans ce cas ne serait que de 514,561 fr. 96 c.

Quittons les hypothèses, et arrivons à quelque chose de positif. D'après des renseignemens certains, puisés au ministère de la guerre,

En 1829 il a été dépensé pour les ordinaires des caporaux et soldats par les fournaux économiques,

La somme de. . . . . 893,000 f. 00 c.

L'économie étant de moitié, ainsi que le constatent les procès-verbaux de la commission et la délibération du Comité du Génie, sur cette seule dépense, elle s'élèverait à. . . . . 446,500 » ,

En admettant que la ration fût portée à 8/60 par fourneau à deux marmites au lieu de 7/60 que l'on donnait par fourneau à une marmite, l'économie ne serait que de 6/14 ou 3/7 de la dépense, c'est-à-dire. 382,714 29

A en juger par l'état des choses,

En 1829 il y aurait à peu près 180 mille hommes qui

coûterait pas plus de trois cents francs pour la reconstruction de chaque fourneau, c'est-à-dire cinq cent soixante-quatorze mille huit cents francs pour les dix-neuf cent seize fourneaux nécessaires à 230 mille hommes.

---

auraient reçu les rations, par compagnie et par fourneau;

D'un autre côté il a été dépensé en rations individuelles d'été pour la cuisson des alimens. . . . 179,000 f. 00 c.

Plus, la moitié des rations individuelles d'hiver. . . . . 118,000 "

Total. . . . 315,000 f. 00 c.

Ce résultat indique qu'il y a à peu près 40 mille hommes qui ont reçu des rations individuelles, tandis que si les fourneaux eussent été au complet nécessité par l'organisation de l'armée, il n'y aurait eu au plus que 4 mille hommes qui auraient occasioné une dépense de. . . . . 31,500 f. 00 c.

Les 36 mille hommes restans, formant 561 compagnies de 64 hommes, auraient exigé 13,651 stères de bois à 7 fr. 46 c. . 101,836 46

Total. . . . 133,336 f. 46 c.

Au lieu de 315,000 francs : l'économie est de. . . . . 181,663 f. 34 c.
Qui joint à. 382,714 29
Porte l'économie totale à. . . . . . . 564,377 f. 63 c.

<small>L'économie d'une année couvrira les frais du premier établissement.</small> L'économie d'une année est donc plus que suffisante pour couvrir les frais du premier établissement dans toutes les places de casernement, et si l'adoption et la reconstruction avaient eu lieu au mois de juillet de l'année dernière, lorsque j'adressai mon premier mémoire et les procès-verbaux des expériences faites en présence d'une commission, à la caserne du Mont-Blanc, le budget du chauffage pourrait être diminué dès cette année d'une somme d'environ six cent mille fr.

Mon intention n'est point de blâmer la première décision du comité du génie, par suite de laquelle j'ai dû faire de nouvelles expériences,

---

Si les 36 mille hom. eussent reçu la ration par compagnie d'après l'ancien système, il aurait fallu 23,889 stères de bois à 7 fr. 46 c., ce qui fait. . . . . . 178,211 f. 94 c.
Pour rations individuelles de 4,000 h.   31,500   »

Total. . . . 209,711   94
La dépense, d'après le nouveau système, étant de. 133,336   46

La différence est de.   76,375   48
Qui, réunie à la somme de. 382,714   29

Donne, au minimum, une économie de 459,089 f. 77 c.

Le raisonnement fait sur le bois s'appliquerait également à la houille.

lorsque déjà il y en avait eu de concluantes de faites; j'aime à croire que son motif a été louable; mais toujours est-il vrai que ce retard a occasioné une perte considérable, sous plus d'un rapport, et que de nouveaux retards amèneront des pertes proportionnelles.

<small>On doit appliquer le nouveau système aux hôpitaux, en modifiant les chaudières, etc.</small>

Je dois ajouter que les idées que j'ai développées, étant aussi applicables aux hôpitaux, pour la cuisine, les bains, etc., en pratiquant dans les chaudières un tiroir dans le genre de celui formé par l'intervalle laissé entre deux marmites, et faisant une très légère modification aux fourneaux à la Rumfort, ainsi que je l'ai dit dans une des notes de mon Mémoire, cette application dans tous les bâtimens militaires, portera l'économie à plus d'un million de francs par an (1).

D'après ces considérations il serait donc con-

---

(1) Ici il y a une rectification à faire par suite de nouveaux renseignemens que je suis parvenu à me procurer.

La dépense du combustible dans les hôpitaux n'est pas aussi considérable que je l'avais supposée; elle ne s'élève pas année moyenne à plus de 150 mille francs, sur lesquels il y aurait au plus 50 mille francs à économiser, parce que le feu de cheminée et des petits fourneaux y est compris. Nous devons donc, pour avoir le minimum, réduire l'éco-

venable que le budget du chauffage fît de suite les frais de la construction, ou de la modification des fourneaux et chaudières dans tous les établissemens militaires; ce qui aura lieu sans augmentation de ce budget, puisque l'économie du bois ou de la houille couvrira ces dépenses.

Lorsque l'on fera graver les planches, j'y joindrai quelques dessins d'appareil, propres à faire connaître la marche à suivre pour avoir la plus grande solidité, jointe à la rapidité d'exécution, et un dessin de chaudières pour les hôpitaux.

J'aurais peut-être sujet de m'étonner qu'un service aussi important et aussi incontestable, n'ait obtenu pour toute récompense, que de stériles complimens, semblables à ceux qui m'ont été adressés tant de fois, car enfin :

---

nomie totale à 5oo mille francs. Dans la suite de la lettre j'ai fait cette rectification.

Il y a une autre considération importante, c'est la solidité qui annule en quelque sorte les réparations et les reconstructions; on ne croit pas exagérer en estimant l'économie sur cet article à 6o ou 8o mille francs. Je n'ai pu me procurer de renseignemens positifs à ce sujet; il aurait fallu avoir les régistres du Comite du Génie à ma disposition pour voir les fonds votés chaque année pour cet objet.

Après les fatigues que j'ai éprouvées à la guerre, les dangers que j'ai courus dans les sièges et dans les combats, les blessures que j'ai reçues sur le champ de bataille, les travaux excessifs auxquels je me suis livré pendant la paix, les sacrifices de tout genre que j'ai faits pour être utile à mon pays; il était plus que temps que l'heure de la justice sonnât aussi pour moi (1).

Mais des considérations d'un ordre plus élevé et indépendantes de tout intérêt personnel, me font attacher une haute importance à la lettre dans laquelle vous me témoignez : Fortifications.

« Toute votre satisfaction sur ce nouveau ré-
» sultat des études auxquelles je me livre, con-
» cernant les diverses parties de la science de
» l'ingénieur. »

Lorsque par des raisonnemens simples et clairs un homme indique des perfectionnemens importans, dans une science à laquelle il lui serait permis de rester étranger, lorsque l'expérience vient confirmer de la manière la plus complète tous les résultats qu'il avait prévus, il n'est plus permis de le confondre avec les hommes à idées

---

(1) Voyez le supplément.

creuses qui fatiguent les ministres par leurs projets vagues et insensés, quand il annonce des améliorations dans une autre science qui a fait l'objet des études et des méditations de toute sa vie.

Je dois donc supposer que les cinq cent mille francs d'économie, par an, qui résulteront pour le ministère de la guerre de l'adoption générale de mon système de fourneaux dans les casernes et hôpitaux, et les immenses avantages qui en seront la conséquence pour les arts et les besoins usuels, serviront de passeport à mes idées en fortification, non pour les faire adopter sans examen, ce que je ne puis désirer, mais pour les faire examiner avec attention et impartialité. J'invoque cet examen avec d'autant plus de confiance que ces idées me paraissent devoir conduire à d'importantes économies, en même temps qu'elles donneront le moyen d'augmenter considérablement la force de nos places par de légères modifications sur les points attaquables.

Officier du génie, je me suis spécialement occupé de fortification.

Étonné du peu de résistance que font en général les places les mieux fortifiées par les procédés connus jusqu'à nos jours, lorsqu'elles sont bien attaquées, j'ai recherché avec persévérance les causes de cet état de faiblesse, et les moyens de le faire cesser.

Convaincu que les idées les plus simples sont les meilleures et les plus fécondes en grands résultats, j'ai cherché à simplifier l'art de l'ingénieur militaire, *en le dégageant de tout l'appareil scientifique qui l'obscurcit, et en distinguant ce qui lui est propre, de ce qui lui est commun avec d'autres sciences.*

Pour arriver à ce résultat il m'a paru nécessaire de revoir les principes adoptés par nos prédécesseurs.

Cet examen, il faut bien l'avouer, ne leur a pas toujours été favorable ; si parmi ces principes il s'en trouve quelques-uns qui seront éternellement vrais, il en est aussi qui sont ou faux ou trop absolus, et dont l'adoption sur parole, ou par influence, a été une des principales causes du peu de progrès de la fortification, *et même de quelques pas rétrogrades.*

Dès lors il m'a paru évident que plusieurs de ces principes devaient être modifiés ou supprimés et remplacés par d'autres.

Parmi ceux destinés à les remplacer, il en est trois fondamentaux desquels découlent plusieurs conséquences accessoires, qui paraissent de nature à rétablir l'équilibre entre l'attaque et la défense, et peut-être à faire pencher la balance en faveur de celle-ci.

Ces trois principes, dont les deux premiers sont entièrement nouveaux, et dont le troisième n'a été que rarement appliqué, sont :

<small>Nouveaux principes à introduire en fortification.</small>

1°. — L'indépendance réciproque des parapets et des escarpes ;

2°. — La disposition des fossés avec glacis intérieur, afin de forcer l'ennemi à descendre dans ce fossé pour y établir les batteries de brèche contre le corps de place.

3°. — La disposition des bastions et des bâtimens militaires de façon à favoriser la défense intérieure, par leur combinaison avec des coupures faites, en temps de siège, dans les rues qui aboutissent à la rue du rempart.

<small>Principe relatif aux parapets.</small>

J'ai fait connaître le premier de ces principes au commencement de 1822 à plusieurs officiers généraux et particuliers ; il a tellement frappé l'esprit des ingénieurs, qu'il a été adopté immédiatement, sans examen officiel ; un grand nombre d'officiers de tous grades m'ont adressé à ce sujet des félicitations et des remerciemens, et parmi les projets envoyés au comité du génie, depuis cette époque, on trouve un grand nombre d'applications, dont quelques-unes ont été exécutées.

Les événemens arrivés à Paris et à Bruxelles, ont pris soin de justifier ce que j'ai dit du troisième principe, et prouvent combien une défense intérieure peut être fatale à l'ennemi! Si une population presque sans armes, à l'aide de simples barricades, a pu triompher de troupes nombreuses et bien disciplinées, combien la défense ne deviendrait-elle pas plus terrible et plus efficace, si elle était favorisée par des coupures habilement disposées et appuyées sur tout le développement de l'enceinte par des bastions fermés à la gorge, ou par des casernes défensives, pourvues de vivres et de munitions. Il est difficile de se faire une idée du degré d'énergie qui se développerait dans des troupes et des habitans qui, n'ayant plus à craindre d'être passés au fil de l'épée après un assaut, auraient la conscience de leur force et la presque certitude d'exterminer leur ennemi, déjà affaibli par ses premiers travaux à l'extérieur, surtout quand on fera usage de nos nouveaux fossés.

<small>Principe relatif à la défense intérieure.</small>

Si l'enceinte de Sarragosse eût été disposée pour une défense intérieure, que serait devenue l'armée française ?

<small>Principe relatif aux fossés à glacis intérieur.</small> Le principe relatif à la disposition des fossés avec glacis intérieur, est incontestablement un des plus importans qui aient été présentés, et *c'est sur lui que j'appelle aujourd'hui toute votre attention;* quoique je l'aie développé avec assez d'étendue dans mon deuxième Mémoire sur la fortification et dans la réponse à un article inséré dans la 112ᵉ livraison de la *Revue Encyclopédique*, j'ai cru devoir y ajouter quelques nouveaux développemens propres à faire cesser toute incertitude et pour ne rien laisser à désirer, j'en ai fait l'application aux terrains en prenant pour exemple une place existante.

En conséquence, j'ai fait graver de nouvelles planches indiquant des dispositions de glacis intérieur qui prouvent, de la manière la plus évidente, que ces glacis peuvent, presque dans tous les cas, remplacer les contre-gardes (1), sur les-

---

(1) Il est facile d'établir sur ce glacis intérieur à chaque saillant une lunette à flancs, en terre, qui est enveloppée par la contrescarpe, et par conséquent inattaquable tant que la descente du fossé du corps de place n'est pas faite;

quelles ils offrent d'immenses avantages, tant sous le rapport de l'économie, que sous celui de la protection qu'ils donnent à tous les genres de défense, soit par les mines, soit par les eaux, soit par les retours offensifs, soit par la mousqueterie, etc.

J'ai choisi comme but d'application, l'amélioration des fronts du nord de la place du Havre, sur lesquels j'avais déjà fait un projet, en 1821, avant d'avoir songé aux fossés à glacis intérieur.

Application des fossés à glacis intérieur à une partie de la place du Hâvre.

Ce premier projet, qui avait exigé du temps et des soins, ne satisfaisait qu'imparfaitement aux conditions qu'il eût été convenable de remplir; la partie du Mémoire dans laquelle je signalais les inconvéniens et les défauts de cette portion de la place est de nature à être reproduite aujourd'hui sans aucun changement; mais il n'en est pas de même de la deuxième partie, indiquant

---

cette lunette, n'ayant point les longues faces des contregardes, est défendue par le corps de place même, soit par ses flancs, soit en brisant quelques parapets. Dans les terrains aquatiques les eaux peuvent remplacer la contrescarpe. C'est d'après ces idées que j'ai fait le projet de la place du Hâvre, que j'ai communiqué à M. le capitaine Boquet, employé au ministère de la Guerre.

les moyens de remédier à ces défauts ; car à l'aide du fossé à glacis intérieur, quelques instans m'ont suffi pour composer un projet qui me paraît satisfaire complètement aux conditions d'une bonne fortification, et rendre à la place toute son action tant sur la campagne que sur les fossés, en laissant les maçonneries couvertes, et cela à l'aide de simples terrassemens, très faciles à exécuter à peu de frais et en peu de temps.

Cette application du glacis intérieur aux fronts du nord de la place du Hâvre, est d'autant plus remarquable, que ces fronts ont été jusqu'à présent rebelles aux tentatives qui ont été faites pour les améliorer ; depuis 1814 on s'en est beaucoup occupé, tous les chefs du génie et les officiers sous leurs ordres, les directeurs des fortifications, les inspecteurs généraux en tournée, ont porté leur attention sur ce point. M. le chef de bataillon Delmas entre autres, a fait deux projets généraux, l'un avant, l'autre après celui que j'ai fait en 1821, ils ont eu le même sort ; il paraîtrait même que le comité du génie a fini par regarder la question comme insoluble, puisqu'il a cessé de demander de nouveaux projets généraux, et que l'on s'est borné à de simples questions de défilement, qui limitent le rôle du corps de place à celui d'un simple réduit, sans action sur la campagne ni sur les fossés de l'enveloppe, si ce n'est à l'aide de deux cavaliers qui seront de peu d'utilité.

Il était donc difficile de choisir un exemple plus concluant et plus décisif.

Ce sont ces nouveaux travaux que je désire sou- Demande de nomination d'une commission pour l'examen du principe des fossés à glacis intérieur.
mettre à l'examen du comité du génie, *ou d'une commission spéciale ;* mais quelles que soient les personnes chargées de cet examen, je désire présenter moi-même mon travail, pour en soutenir la discussion et répondre aux objections qui pourront être faites.

En attendant votre décision à ce sujet, j'ai l'honneur de vous adresser plusieurs des ouvrages que j'ai déjà fait imprimer, savoir :

1°. — Considérations sur les effets de l'artille- Envoi de plusieurs ouvrages.
rie dans la défense des places. (Imprimé en 1826).

2°. — Lettre sur quelques effets de l'artillerie dans la défense des places, et sur quelques parties de la fortification. (Imprimé en novembre 1826).

3°. — Mémoires sur la fortification, ou Examen raisonné des propriétés et des défauts des fortifications existantes, etc., avec atlas. (Imprimé en 1827).

4°. — Observations sur l'article inséré dans la 112ᵉ livraison de la Revue encyclopédique. (15 mai 1828).

Il serait sans doute à désirer *qu'une commission spéciale* fut nommée pour examiner ces différens mémoires ; mais, comme il est dangereux de présenter un trop grand nombre d'idées nouvelles à des hommes prévenus contre ce qu'ils appellent des novateurs, je me borne à demander un rapport spécial sur ce qui est relatif aux fossés à glacis intérieur ; me réservant de revenir plus tard sur chacune des questions qui me paraîtront exiger un examen particulier : c'est d'ailleurs le meilleur moyen de faire voir combien je suis éloigné de tout esprit systématique.

<small>Artillerie et Mines</small>

Il me reste à reporter votre attention sur une question d'une assez haute importance, qui paraît avoir été mise en oubli par le comité d'artillerie auquel vous l'avez renvoyée, ainsi que vous me l'annoncez par votre lettre du 21 août dernier (1).

Le 9 dudit mois je vous adressai une demande pour être autorisé à faire quelques expériences

---

(1) Voyez cette lettre, après celle-ci.

qui, si elles ont le succès que j'en attends, exerceront une grande et salutaire influence sur la défense des places.

Sur ce que j'avais demandé à faire ces expériences de concert avec le corps de l'artillerie à Vincennes, vous avez jugé convenable de renvoyer cette question au comité de cette arme; dès lors il m'a été facile de prévoir les retards qui ont eu lieu, et qui probablement *dureraient encore long-temps si j'attendais une décision sans la réclamer de nouveau.*

Les comités permanens sont peu pressés de faire triompher les découvertes qui ne viennent pas d'eux ou de leurs affiliés; ils trouvent plus simple de laisser dormir les idées pendant quelques années, après quoi, *elles sont souvent étonnées de se réveiller avec un nouveau baptême.*

Je dois convenir que je suis aussi un peu coupable de ce retard; j'ai eu tort en effet de demander un concert qui est parfaitement inutile, puisque la seule chose qui me soit nécessaire est un mortier de 12 pouces, et que deux ou trois ouvriers me serviront aussi bien que des canonniers, pour les expériences que je dois faire.

<small>Demande d'un mortier de 12 pouces, pour les expériences.</small>

Pour ce qui est relatif aux mines volantes, je ne puis avoir aucun doute sur le résultat, je ne veux que faire les dispositions pour le constater officiellement.

Ainsi posée, ma demande est tout-à-fait indépendante du comité de l'artillerie, et se réduit à ce qu'il soit ordonné au commandant de cette arme à Vincennes, de mettre à ma disposition un mortier de 12 pouces pendant la durée de mes expériences.

<small>Résumé.</small> En résumant ce qui précède, je conclus :

1°. — Qu'il serait convenable de changer immédiatement tous les fourneaux des casernes pour les remplacer par ceux qui viennent d'être adoptés, et de modifier les chaudières des fourneaux des hôpitaux, et ces fourneaux eux-mêmes, de façon à leur faire acquérir les propriétés des premiers ; le bureau du chauffage serait chargé de faire les frais de premier établissement, qui lui seront plus que remboursés par l'économie d'une année. Chaque jour de retard fait perdre plus de quinze cents francs au trésor.

2°. — Que le principe relatif à la disposition

des fossés des places fortes (1), avec un glacis intérieur, soit examiné par le comité du génie, *ou par une commission spéciale*, composée de cinq membres, et que je sois admis à soutenir la discussion de ce principe et des dispositions qui en sont la conséquence, qu'il soit également fait un rapport sur l'application que j'en ai faite à la place du Hâvre.

3°. — Qu'un mortier de 12 pouces soit mis immédiatement à ma disposition, pour des expériences sur les mines volantes et les contre-mines.

Je terminerais ici cette lettre, si je n'étais intimement convaincu qu'on remplit aussi un devoir en revendiquant des droits trop long-temps méconnus.

Ne voulant point pour moi des faveurs qui seraient une injustice à l'égard des autres, on ne me verra point ramper dans les antichambres pour y trouver de puissans protecteurs : mes travaux sont les seuls appuis que j'invoque ; libre dans

---

(1) Ainsi qu'il a été dit dans les observations préliminaires, ces fossés sont applicables aux ouvrages de campagne comme à la fortification permanente.

mes opinions, je ne les ai point déguisées quand il y avait du danger à les manifester, et je n'ai pas hésité à punir un des énergumènes de Gand qui insultait aux débris sanglans de Waterloo au commencement de 1816, au moment où tout tremblait devant la terreur monarchique; ce fait a été long-temps un grief qui a favorisé plus d'une intrigue dirigée contre moi; aussi j'ai vu sans étonnement, mais non sans indignation, les créatures de quelques hommes en faveur, passer à des grades supérieurs sans avoir rien fait pour les mériter, tandis qu'on laissait végéter ceux qui avaient des droits réels.

Aujourd'hui, sous un gouvernement de vérité il doit en être autrement, les services rendus sont sans doute comptés pour quelque chose, et c'est au nom — du siège de Ciudad Rodrigo,

— du siège d'Almeida,

— de la campagne de Portugal,

— de la défense de la place d'Astorga,

— de mon sang versé à Waterloo,

— de mes travaux sur l'art défensif de 1821 à 1830,

— de l'économie de cinq cent mille fr. par an, qui va résulter pour le ministère de la guerre, du système de fourneaux que j'ai inventé,

— de l'économie d'environ un million qui aura lieu sur le premier établissement.

C'est au nom de ces titres bien connus que je réclame le grade de chef de bataillon.

Je me dispense d'en citer plusieurs autres, parce qu'ils tiennent plus à l'homme de cœur en général, qu'à l'officier du génie en particulier ; et que je ne veux pas spéculer sur les sentimens nationaux, comme d'autres ont exploité les sentimens monarchiques réels ou simulés (1).

J'ai l'honneur d'être, avec respect,

Monsieur le Ministre,

Votre très-humble et très-obéissant serviteur,

Le capitaine du Génie,

Choumara.

---

(1) Voyez le supplément.

Nous avons parlé dans la lettre précédente de celle par laquelle nous demandions un mortier pour faire des expériences sur les mines volantes et sur la guerre souterraine ; voici cette lettre.

Paris, le 9 août 1830.

A MONSIEUR LE COMMISSAIRE-PROVISOIRE

AU DÉPARTEMENT DE LA GUERRE (1).

Monsieur le Ministre,

Chargé en 1812 du commandement de l'artillerie dans la place d'Astorga, assiégée par les

---

(1) La réponse suivante a été faite à cette lettre.

Paris, le 28 août 1830.

MINISTÈRE
de la
Guerre.

J'ai reçu, Monsieur, la lettre que vous m'avez adressée le 9 de ce mois, pour me demander l'autorisation de faire à Vincennes, de concert avec les officiers d'artillerie employés dans cette place, des expériences relatives à la guerre souterraine, et qui ont notamment pour objet de constater

Direction-générale du personnel.

BUREAU
de l'artillerie.

Section
du matériel.

Espagnols (1), la nécessité me fit faire une expérience qui peut conduire à d'importans résultats, sous le double rapport de l'attaque et de la défense des places fortes.

---

la possibilité de lancer, au moyen des mortiers, de grandes masses qui n'entrent point dans l'ame des pièces.

Cette demande sera examinée par le Comité consultatif de l'artillerie, avec toute l'attention qu'elle mérite; et j'aurai l'honneur de vous faire connaître la décision que j'aurai prise par suite de ses propositions.

J'ai l'honneur d'être, Monsieur,

votre très-humble et très-obéissant serviteur,

le Ministre Secrétaire d'État de la Guerre,

pour le Ministre,

le Directeur-général du personnel

Signé comte Gentil de Saint-Alphonse.

Ainsi ma lettre était renvoyée au Comité de l'artillerie avant le 28 août, et depuis cette époque il n'a pas encore eu le temps de décider si on doit mettre à ma disposition un mortier, pour faire une expérience qui peut avoir d'immenses résultats sur la défense des places ! *Admirons l'activité des Comités permanens.*

(1) Je fus chargé de ce service parce qu'il n'y avait point d'officier d'artillerie dans la place.

Parmi les approvisionnemens de siège il se trouvait environ deux cents bombes de douze pouces qui semblaient devoir rester inutiles, attendu qu'il n'y avait dans cette place qu'un mortier de six pouces, avec lequel il ne paraissait pas possible de les lancer ; connaissant cependant les avantages que l'on retirerait de ces projectiles en les dirigeant contre les gabionades rapprochées de l'ennemi, j'imaginai un appareil fort simple, à l'aide duquel je lançais ces bombes de douze pouces, avec le mortier de six pouces, aussi facilement et aussi sûrement qu'avec un mortier de douze pouces.

Dès ce moment je songeai au parti que l'on pourrait tirer de l'artillerie pour lancer des corps qui ne seraient pas entièrement introduits dans l'ame des bouches à feu, et former ainsi des espèces de mines volantes, capables dans certains cas de grands effets; mais je ne crus pas devoir développer ces idées, parce qu'elles me paraissaient beaucoup plus favorables à l'attaque qu'à la défense, et que j'ai toujours pensé que la véritable mission de l'ingénieur militaire était de perfectionner la défense de préférence à l'attaque.

Aujourd'hui, plusieurs considérations importantes m'engagent à revenir sur la marche que je m'étais prescrite.

La première, qui seule suffirait pour me déterminer, est *qu'avec des fossés à **glacis** intérieur, comme ceux que j'ai proposés dans mes mémoires sur la fortification*; *l'emploi de ces mines volantes serait beaucoup plus utile que nuisible dans la défense rapprochée, qui a lieu de la manière la plus avantageuse dans ces fossés.*

D'un autre côté, tous les bons esprits reconnaissant aujourd'hui la nécessité de faire quelques modifications pour améliorer le système de défense des places, il est utile de faire connaître et même de prévoir les moyens qui seront employés contre elles, afin d'y opposer dès à présent les obstacles convenables.

Enfin une disposition pour lancer à distance de grandes masses de poudre, au moyen de fougaces, venant d'être proposée par un officier du génie, M. le capitaine Savart, et des expériences à ce sujet ayant déjà eu lieu à Metz, il n'est plus permis de garder un secret, qui serait probablement divulgué avant peu, par quelqu'une des personnes auxquelles j'ai eu occasion d'en parler.

Sans vouloir diminuer le mérite de l'idée de M. le capitaine Savart, je ne puis cependant me dispenser de faire observer que l'emploi de son procédé (à quelques exceptions près), ferait réellement rétrograder l'art de lancer les projectiles.

En effet, *les bouches à feu ne sont autre chose que des fourneaux de mines perfectionnés, préparés à l'avance, qui offrent le double avantage de pouvoir renouveler les explosions sans qu'il soit nécessaire de les reconstruire, et de pouvoir être transportés à volonté sur tous les points où leur effet est jugé nécessaire.*

Qu'il soit question de *soulever, bouleverser une portion de terrain, ou de lancer des projectiles*, le principe est le même ; c'est toujours une certaine quantité de poudre dont l'explosion doit produire son effet suivant la ligne de moindre résistance ; mais comme dans les bouches à feu toutes les portions de la chambre des poudres sont sensiblement incompressibles, la force produite par la dilatation du gaz est entièrement employée à lancer le projectile, tandis que dans les mines ordinaires une partie de cette force est employée à comprimer le terrain dans tous les sens, et perdue pour l'effet qu'on veut produire.

Il suit de là que les *bouches à feu offrent les meilleurs fourneaux de mines qu'il soit possible de trouver, surtout lorsqu'il est question de projeter des corps à une grande distance ; c'est faute d'avoir bien analysé cette propriété, que jusqu'à ce jour on a restreint leur effet à lancer les pro-*

jectiles qui peuvent être entièrement introduits dans l'ame des pièces.

D'après cette manière d'envisager l'artillerie, il est facile de reconnaître que le problème que M. le capitaine Savart a cherché à résoudre par les mines, se résoudra d'une manière beaucoup plus simple, plus économique, plus complète et plus sûre en employant les bouches à feu, et surtout les mortiers et obusiers du plus grand diamètre.

Je n'entrerai point ici dans le détail des dispositions auxquelles il faudra avoir recours pour obtenir ces résultats, elles sont faciles à deviner, *leur succès me paraît indubitable, d'après les nombreuses expériences que j'ai faites à Astorga*, dont j'ai parlé plus haut; malgré cela *quelques expériences nouvelles seraient nécessaires pour constater la possibilité de lancer, au moyen des mortiers, de grandes masses qui n'entrent pas dans l'ame de ces pièces*

J'ai en conséquence l'honneur de vous prier de m'autoriser à faire ces expériences à Vincennes, de concert avec messieurs les officiers d'artillerie.

Après ces premières expériences j'en aurai quelques autres, *non moins importantes* à faire, qui sont une conséquence de la manière dont j'ai envisagé l'artillerie, en la *considérant comme un cas particulier des mines*.

Si, comme je n'en puis douter, mes prévisions à ce sujet se réalisent, la guerre souterraine prendra une nouvelle face extrêmement favorable à la défense; il deviendra facile alors de créer une infinité de volcans sous les pas de l'assiégeant, pour faire sauter ses travailleurs et ses ouvrages, interrompre ses communications, etc., et cela d'une manière d'autant plus avantageuse qu'elle coûtera peu et s'appliquera aussi facilement aux systèmes de mines actuels, qu'à ceux que l'on pourrait inventer par la suite.

Les frais de ces expériences seront peu considérables; je ne pense pas qu'ils s'élèvent à plus de trois à quatre cents francs.

J'ai l'honneur d'être avec respect,

de Votre Excellence,

le très-humble et très-obéissant serviteur,

le capitaine du génie

Théodore Choumara.

NOTES SUPPLÉMENTAIRES.

PREMIÈRE NOTE.

L'ÉCOLE POLYTECHNIQUE, LE JOURNAL DES DÉBATS ET
LE GÉNÉRAL VALAZÉ.

En réclamant justice en homme qui a le sentiment de ses droits, le capitaine Choumara était assuré de ne pas l'obtenir; il savait, comme il l'a dit dans ses Observations préliminaires, que l'amour-propre blessé de quelques officiers-généraux du génie se placerait entre lui et le Ministre de la Guerre; il n'a donc voulu que constater authentiquement un fait. Ce fait ne lui est pas absolument particulier, il se rattache à une question importante qui, depuis quelque temps, a fixé l'attention du public éclairé, et sur laquelle il ne sera pas hors de propos de s'arrêter un moment.

Le *Journal des Débats* a donné deux articles d'un haut intérêt sur l'ordonnance de réorganisation de l'École Polytechnique; d'après l'impression fâcheuse produite par cette ordonnance, il était difficile de prévoir qu'elle rencontrerait un défenseur. Cependant, M. le général Valazé est entré dans la lice, mais armé d'argumens si faibles que la victoire n'est pas restée un seul instant incertaine entre lui et son adversaire. Il ne peut y avoir aucun doute sur les conséquences désastreuses qui découleront de cette ordonnance, et surtout sur son illégalité; ce qui, nous l'espérons, suffira pour la faire modifier dans ses dispositions principales, ou, ce qui serait mieux encore, pour la faire rapporter entièrement.

M. le général Valazé, dans la discussion, a révélé à la France un secret fâcheux, qui ne devait pas être présenté par lui sans développement et sans solution, c'est que: *les élèves de l'École Polytechnique ne veulent plus entrer dans l'Artillerie ni dans le Génie, et que de cette manière ces deux armes n'ont pour se recruter que les derniers des promotions.*

C'est un fait que nous ne contesterons pas, quoique nous n'attachions pas la même importance aux rangs de sortie, et que nous ayons eu souvent occasion de vérifier que ce ne sont pas toujours ceux qui résolvent le mieux une formule d'analyse qui déploient le plus de zèle en campagne, qui sont les plus aptes à choisir des positions militaires, à en profiter pour établir des batteries, camper des troupes, diriger des travaux de siège, combiner des dispositions défensives, etc. Nous conviendrons que cet état de choses est fâcheux, et qu'il est à désirer qu'on puisse y remédier. Pour arriver à ce résultat intéressant il fallait rechercher les véritables motifs de cet éloignement; car, *lorsque les causes du mal seront connues, en les faisant cesser, le mal disparaitra.*

Parmi ces causes il en est deux principales dont il n'est pas étonnant que M. le général Valazé n'ait pas parlé, parce qu'il n'a pas éprouvé les inconvéniens de la première, et qu'il n'est pas étranger à la seconde.

D'après l'organisation du Corps du Génie, l'avancement est si lent que la grande majorité des officiers ne passe pas le grade de capitaine; excepté quelques individus favorisés, non pour leur mérite personnel ou les services rendus à l'État, mais par suite de protections ou d'intrigues; ceux qui arrivent au grade de chef de bataillon, n'y parviennent qu'à la fin de leur carrière, au moment où l'heure de la retraite est sur le point de sonner. Cependant cet inconvénient ne serait pas majeur; on se résoudrait volontiers à rester dans un grade peu élevé, mais honorable, si la justice présidait aux avancemens, et que les fonctions que l'on doit remplir fussent intéressantes; malheureusement il n'en est point ainsi: la faveur, la partialité et le népotisme donnent les grades; des intérêts mesquins, personnels et de coterie président à toutes les décisions, qui se succèdent tour à tour avec une mobilité surprenante.

Une loi sage de 1791 ordonne la formation d'un Comité du Génie temporaire; bientôt, dans leur intérêt particulier, quelques individus le font rendre permanent; d'après cette loi, des officiers de tout grade peuvent être appelés au comité, le même intérêt personnel et l'amour-propre font déclarer qu'il ne sera plus composé que d'officiers-généraux. Un membre influent ne veut pas rester l'égal des autres; on crée une place de premier inspecteur-général avec des attributions presque ministérielles. En 1815 un homme honorable remplit ces fonctions, il ne plaît pas; n'osant le destituer on supprime la place de premier inspecteur-général pour avoir occasion de le mettre à la retraite; un nouveau président du Comité ne trouve point son rôle assez beau, il se fait nommer directeur-général du service central. Un général d'artillerie prend un grand ascendant sur l'héritier du trône, se fait nommer premier inspecteur de son arme; il traîne à la remorque le directeur-général du service central du Génie et en fait aussi un premier inspecteur. Cette nomination blesse l'amour-propre d'un rival; un général ami de ce rival arrive au Ministère de la guerre, la place de premier inspecteur-général est de nouveau supprimée; dans tout cela l'intérêt public, l'intérêt du corps ne sont nullement consultés, on tourne dans un cercle vicieux, pour revenir toujours au point de départ.

Ce qui excite surtout le dégoût et l'indignation des officiers du génie, c'est la manière dont on a organisé leur service depuis 1815, et surtout en 1826; d'après le réglement publié à cette époque, un capitaine du génie n'est plus qu'un teneur de carnets, un toiseur, une espèce de commis ou de piqueur d'entrepreneur, obligé d'avoir constamment le mètre à la main, de sacrifier tout son temps à des écritures et des dessins insignifians, qui ne lui permettent plus de s'occuper des grandes études relatives à l'art défensif: il serait difficile de se figurer jusqu'à quel point on a porté dans ce réglement de 1826 l'esprit étroit et méticuleux qui caractérise le principal auteur de l'ordonnance; il semble que ce réglement ait été fait uniquement dans le but d'étouffer le génie sous un fatras de détails, afin d'empêcher que parmi les anciens élèves de l'Ecole Polytechnique il ne se forme quelque ingénieur qui puisse éclipser la tête blanchie du corps. Une semblable combinaison, qui n'est que trop probable, est bien propre à révolter des esprits accoutumés à la méditation. Cependant, malheur à l'officier qui n'approuve pas toutes ces pauvretés; il doit s'attendre à voir fermer devant lui toutes les barrières de l'avancement; qu'il ait attaqué et défendu des places avec courage et intelligence, que son sang ait coulé sur les champs de bataille, qu'il ait fait d'importantes découvertes, qu'il ait introduit des améliorations incontestables, et fait faire des économies considérables à l'Etat, tout cela n'est rien : s'il n'admire pas les *faiseurs* du Comité du Génie, il restera capitaine toute sa vie. Qu'un autre soit entré récemment dans la carrière, qu'il n'ait jamais entendu gronder le canon, ni siffler une balle, qu'il n'ait rien fait pour l'art ni pour son pays, mais qu'il flatte, qu'il visite, qu'il applaudisse, qu'il serve de secrétaire ou de dessinateur; s'il a idées, qu'il en fasse l'abandon, alors les barrières s'ouvriront, sa carrière sera brillante, il viendra donner des ordres aux vétérans de quarante à cinquante ans, qui, après avoir été chercher l'expérience à la guerre, au prix de leur sang, l'ont mûrie par la réflexion dans le cabinet.

En résumé, si dans l'état actuel des choses un élève de l'Ecole Polytechnique nous consultait, pour savoir s'il doit entrer dans le Génie, nous lui dirions :

Si vous êtes disposé à faire abnégation de vous-même pendant un certain temps, à vous soumettre à toutes les idées d'un chef, à lui faire croire que les vôtres sont les *siennes*, à témoigner une grande admiration pour ses talens; travailler pour lui et à son profit; surtout si vous voulez vous faire appuyer par quelque coterie, entrez.

Mais si vous sentez en vous quelques étincelles de ce feu sacré qui brûle les cœurs généreux, et les fait palpiter au nom de patrie et de bien public; si vous vous sentez embrasé du noble désir de faire quelques-unes de ces grandes découvertes qui influent sur le sort des nations, et acquièrent une réputation honorable à leur auteur; à moins que vous n'ayez une volonté ferme et inébranlable, à moins que vous ne soyez disposé à tout sacrifier au culte de la vérité, gardez-vous d'entrer dans un corps où, depuis la mort de notre grand citoyen, de notre illustre Vauban, il s'est formé une chaîne non interrompue de chefs ennemis et persécuteurs de tous les hommes qui ont voulu faire avancer la science de l'ingénieur; qui ont présenté comme un ignorant le savant auteur de la science de l'ingénieur et de l'architecture hydraulique, parce qu'il avait inventé les globes de compression, et composé un système de fortification; qui ont prodigué l'injure et l'outrage au général Montalembert, auteur de la fortification perpendiculaire, en s'emparant de plusieurs de ses idées, et faisant usage de ses compositions en les dénaturant; qui ont fait *embastiller* Carnot, parce que trop éclairé pour avoir besoin de juger par influence, trop supérieur pour connaître l'envie, trop bon citoyen pour rejeter des idées utiles, il avait eu le courage d'approuver publiquement les casemates de Montalembert, ce qui, sans la révolution de 89, aurait fait végéter pendant toute sa vie dans les emplois subalternes l'homme qui, quelques années après, organisait la victoire pour les quatorze armées de la République; dont enfin les chefs actuels les plus influens, divisés sur tout le reste, se réunissent contre tout officier qui n'admet pas que les bornes de leur intelligence sont les *colonnes d'Hercule de l'esprit humain.*

Ce que l'on écrit ici, l'immense majorité des officiers du Génie le pensent et le disent à leurs amis; ils témoignent hautement le dégoût qu'ils éprouvent en voyant que les vastes connaissances qu'ils ont acquises les conduisent simplement à être les gâcheurs de M. Valazé (1) et compagnie. Ce n'est donc point à l'organisation de l'École Polytechnique qu'il faut attribuer la répugnance des élèves à entrer dans le Corps du Génie; quelle que soit l'organisation de cetteÉcole, la même répugnance existera, si par la force des choses les sujets les plus distingués sont forcés d'y arriver, le dégoût croîtra en proportion de leurs facultés intellectuelles; car plus et mieux on pense, moins en est disposé au rôle d'automate, obéissant passivement, ou servant de marche-pied aux intrigans ambitieux, qui, sans moyens personnels, veulent s'emparer des pensées des autres, et adorent successivement tous les saints pour parvenir aux emplois les plus élevés.

Mais que le Corps du Génie redevienne ce qu'il doit être, une espèce d'académie militaire, dont tous les membres jouissent d'une considération proportionnée aux connaissances qu'ils possèdent; que le service dont ils sont chargés soit en harmonie avec ces connaissances; que les chefs se souviennent que la veille d'un changement d'épaulette ils valaient autant que le len-

---

(1) Expression favorite de cet officier, en parlant des grades inférieurs.

demain; que parmi leurs anciens camarades, restés en arrière, il en est beaucoup qui valent autant et plus qu'eux; qu'ils sachent qu'il est un terme à tout; que pour plusieurs d'entre eux il est temps de faire retraite; que, conformément à la loi de 1791, le Comité du Génie cesse d'être permanent, qu'il devienne plus nombreux et que des officiers de tout grade y soient appelés dans une proportion convenable; que cet appel soit une récompense décernée par les officiers à leurs camarades; que le principe d'élection soit adopté pour la candidature aux grades. Alors on n'aura pas besoin de mutiler la magnifique création de nos savans les plus distingués pour trouver des ingénieurs animés de cet amour de l'art qui conduit aux grandes actions et aux grandes découvertes. La tête du corps se composera de l'élite des officiers; le Ministre de la guerre sera environné d'hommes éclairés dont l'influence temporaire ne pourra être dangereuse, dont le renouvellement partiel chaque année ne permettra point aux erreurs de se perpétuer. La routine ne triomphera plus, toutes les idées seront discutées et appréciées en présence de leurs auteurs; le bon sera adopté, le médiocre s'améliorera, et tous les faux principes disparaîtront.

DEUXIÈME NOTE.

LE SIÈGE DE CIUDAD-RODRIGO, LE GÉNÉRAL TREUSSART.

Dans le journal du siège de Ciudad-Rodrigo, rédigé en juillet 1810 par le commandant du génie à ce siège, on trouve le passage suivant :

« L'exécution des retranchemens destinés à couvrir nos » postes, et dont *ceux sur le Teson étaient à petite por-* » *tée de fusil du corps de place*, nous coûta quinze » blessés.

» Les officiers du génie Vincent, Treussart, Moulins et » Choumara s'y distinguèrent particulièrement. »

Le capitaine Treussart (1) fut détaché à la division du général Loison, ayant sous ses ordres les lieutenans l'Armandie et Choumara, pour faire exécuter les retranchemens destinés à resserrer la place du côté du Teson, qui était le point d'attaque présumé ; le capitaine Treussart fit commander des travailleurs à cet effet, ces travailleurs partirent, à la chute du jour, du camp, qui était éloigné de plus de 1800 toises de la place ; la nuit était obscure lorsqu'on arriva sur

---

(1) Aujourd'hui maréchal-de-camp.

le terrain, que le capitaine Treussart n'avait pas eu le temps de reconnaître suffisamment de jour; il chercha en vain pendant une partie de la nuit les emplacemens favorables, cette nuit fut perdue, il n'y eut point de travaux de faits.

Le lendemain le capitaine Treussart fut rappelé au quartier-général, par le commandant du génie, et le lieutenant Choumara resta chargé d'occuper le Teson; la nuit suivante deux compagnies furent mises à sa disposition, il fit construire un retranchement dans une position tellement favorable, d'où l'on découvrait si bien toute la place, qu'après l'ouverture de la première parallèle, en avant de laquelle il resta placé, ce retranchement servit de batterie, et que l'on fit auprès de lui une batterie de brèche qui eût suffi pour prendre la place si l'on n'eût pas perdu à parlementer un temps précieux, pendant lequel l'assiégé déblaya la brèche, et répara ses embrasures, ce qui lui permit ensuite d'engager avec succès une lutte d'artillerie qui consommant des munitions, força à construire une autre batterie en avant.

Au point du jour le capitaine Choumara écrivit au général Ferrey pour lui faire connaître la position qu'il avait prise, le prévenir qu'il serait probablement attaqué dans la journée et indiquer les mesures à prendre pour le soutenir. A ce moment l'ennemi, qui commençait à découvrir l'ouvrage de la nuit, fit un feu très-violent d'artillerie, un éclat d'obus renversa l'encrier du capitaine Choumara sur la lettre qu'il écrivait au général ; vers huit heures du matin il y eut une sortie de la place contre le retranchement, cette sortie fut repoussée par les travailleurs seuls ; c'est là que nous eûmes quinze tués ou blessés.

On agrandit ensuite le retranchement, il servit de point de repère pour l'ouverture de la tranchée, et contribua spécialement à dérober ce travail à l'ennemi.

C'est donc par erreur que M. Treussart est signalé comme s'étant particulièrement distingué à la construction des retranchemens, puisqu'il n'y a point pris part et que le capitaine Choumara est le seul qui ait occupé le Teson ; les ouvrages qu'on y fit ensuite n'offraient plus aucune difficulté.

Nous craignons d'autant moins de signaler cette erreur, que M. Treussart est cité plusieurs fois à juste titre dans ce journal de siège, pour sa bravoure et son intelligence ; c'est un excellent officier à l'avancement duquel nous avons sincèrement applaudi. Nous le considérons comme un de nos officiers-généraux les plus distingués, nous le regardons comme un homme franc, loyal, ami des progrès de l'art défensif, incapable de figurer dans des intrigues ou de participer à des injustices.

Notre but n'étant point de donner des journaux de siège, ni de faire notre Odyssée, nous n'entrerons point dans de plus grands détails, nous ne nous arrêterons point sur le siège d'Alméida, ni sur les campagnes d'Espagne et de Portugal, qui furent des plus pénibles pour les officiers de l'état-major du Génie; nous dirons seulement que nous avons eu notre part des dangers et des privations de ces campagnes, que nous avons assisté à la plupart des batailles et combats auxquels le sixième corps a coopéré.

La défense d'Astorga mériterait peut-être un article spécial, parce qu'elle a présenté des incidens assez remarquables qui peuvent contribuer aux progrès de la science de l'ingénieur; mais cela nous conduirait trop loin, nous nous bornerons à rapporter la pièce suivante, qui prouve que les élèves de l'Ecole Polytechnique, placés dans des armes différentes, peuvent se suppléer au besoin sans nuire au bien du service, et qu'en 1812 nous ne manquions pas contre l'ennemi, de la fermeté et de la constance dont nous avons eu besoin de-

4.

puis quelques années pour combattre des ennemis d'une autre espèce, avec lesquels nous avons encore plus d'un compte à régler.

COPIE.

« Je soussigné, maréchal de camp, certifie que M. Chou-
» mara, capitaine du génie, *fut chargé du commande-*
» *ment de l'artillerie*, dans la place d'Astorga, que je
» commandais dans les mois de juin, juillet et août 1812;
» qu'il s'est acquitté de ce service, ainsi que de celui du génie,
» avec la *plus grande distinction et de manière à mériter*
» *des éloges, et qu'il a suppléé par son zèle, son acti-*
» *vité et ses connaissances, au défaut de moyens dont*
» *cette partie était entièrement dépourvue.*
 » Je certifie, en outre que, dans le rapport que je fis
» au gouvernement sur le siège d'Astorga, je citai M. le
» capitaine Chonmara, de la manière la plus honorable,
» en sollicitant en sa faveur les récompenses qu'il méritait,

« mais que son séjour prolongé dans les prisons de l'en-
» nemi a retardé l'effet de cette demande (1).

» En foi de quoi j'ai délivré, le présent,
» le 8 juillet 1814.

» *Signé*, RÉMOND. »

---

(1) Si son séjour s'est prolongé dans les prisons de l'ennemi, ce n'est assurément pas la faute du capitaine Choumara; il a fait tout ce qui était humainement possible pour recouvrer la liberté; il s'échappa d'un couvent dans lequel il était renfermé à Bétanzos, près la Corogne, malgré les dangers évidens d'une telle entreprise; repris par les Espagnols près de Villafranca, il n'évita d'être assassiné que par son extrême énergie, qui prouva à ceux qui l'arrêtèrent qu'il n'était point disposé à mourir sans vengeance; conduit au fort Saint-Antoine à la Corogne, il s'échappa de nouveau par mer avec vingt-deux officiers français et polonais; ils furent trompés par les marins espagnols qui leur vendirent une mauvaise barque qui faisait eau de toutes parts; quand ils voulurent hisser les voiles, les cordages cassèrent, ce qui les empêcha de se mettre hors de vue du fort: au point du jour ils furent repris.

Le capitaine Choumara fut plus heureux en 1815, ayant été grièvement blessé à Waterloo, il resta sur le champ de bataille au pouvoir de l'ennemi, et fut conduit à Bruxelles; mais aussitôt que sa blessure le lui permit, il s'échappa, et parvint dans la place de Condé, où il resta tant quelle fut menacée d'un siège.

TROISIÈME NOTE.

LES GÉNÉRAUX ROGNIAT, HAXO ET VALAZÉ

Tant que le capitaine Choumara ne fut considéré que comme un bon soldat, il eut des amis parmi les chefs de son arme, il aurait au besoin trouvé des protecteurs s'il en eût désiré; mais lorsqu'il fut reconnu qu'il avait *des idées nouvelles en fortification*, et qu'il avait pour principe que ces idées, *bonnes ou mauvaises, étaient sa propriété*, les dispositions de quelques personnes à son égard changèrent complètement.

Livré à ses études, préférant son cabinet aux antichambres ou aux salons, il laissa le champ libre à ses adversaires, qui profitèrent de la solitude dans laquelle il vivait, et d'une maladie grave, dont il n'est pas encore entièrement rétabli, pour lui rendre plus d'un mauvais service. Aujourd'hui le temps de la retraite est passé ; il publie son manifeste d'entrée en campagne, bien décidé à répondre à la guerre sourde qu'on lui fait, par une guerre énergique, mais franche et loyale telle qu'elle convient à son caractère.

MM. les généraux Haxo et Valazé se sont mis

dans le domaine public par quelques petits écrits, ils sont de notre domaine particulier par la conduite qu'ils ont tenue à notre égard; nous aurons à les considérer sous un double point de vue, comme hommes et comme ingénieurs, sous le rapport du caractère et du talent. Nous porterons de graves accusations contre eux; mais ces accusations ne seront point faites à la légère, elles seront appuyées de preuves authentiques prises dans leur correspondance avec nous, ou dans leurs ouvrages; nous consacrerons à chacun d'eux un chapitre spécial, l'examen des divers articles sur la fortication qui ont été insérés dans le *Spectateur militaire* y trouvera naturellement sa place.

Nous avons des lettres qui prouvent que M. le général Rogniat avait vu avec intérêt nos premiers travaux; nous avons des raisons de croire que des manœuvres infames ont été mises en usage pour l'indisposer contre nous, depuis la publication de nos *Considérations sur les effets de l'artillerie dans la défense des places;* nous citerons des faits qui, s'ils n'amènent pas une explication claire et précise, suffiront pour faire connaître les auteurs de ces manœuvres. Quoi qu'il en soit, et c'est avec regret que nous le disons, nous pensons qu'aujourd'hui M. le général Rogniat fait partie de la *Sainte-Alliance formée contre nous.* Nous lui consacrerons aussi un article spécial dans lequel nous donnerons notre correspondance avec lui et avec le ministre de la guerre. Ces correspondances serviront à *l'instruction* et à *l'édification* du Corps du Génie.

Nous venons de citer les hommes que nous regardons comme nos ennemis particuliers et déclarés ; nous avons pour nous en consoler un grand nombre de lettres qui nous ont été écrites par des officiers-généraux, supérieurs et autres, qui approuvent de la manière la plus formelle les idées que nous avons développées ; si nous ne publions pas ces lettres, c'est que nous ne voulons point exposer leurs auteurs à la vengeance des puissances prépondérantes du Corps. Nos camarades peuvent compter que leurs noms resteront secrets, tant qu'il y aura quelque danger pour eux à ce qu'ils soient connus.

QUATRIÈME NOTE.

FORTIFICATIONS DE PARIS.

Dans les trois journées de juillet, la population parisienne a donné une admirable leçon de fortification, qui appelle les méditations des ingénieurs militaires; elle a révélé un élément de force dont on se doutait à peine (car on avait oublié Sarragosse que l'on regardait comme une exception), et dont l'emploi bien combiné, doit exercer une immense influence sur les grandes opérations militaires.

Deux invasions successives ont prouvé que le sort de la France se décidait à Paris; l'ignorance des ressources que les grandes villes offrent pour la défense a fait tomber deux fois cette capitale entre les mains de l'ennemi; désormais il ne devrait plus en être ainsi; mais en *fortification* comme en *politique il est des hommes qui ont des yeux pour ne point voir!* La direction des travaux de défense de cette place étant confiée à *l'élu de M. de Bourmont* (1) qui, jugeant d'après

---

(1) Lorsque nous avons admiré le majestueux spectacle des événemens de juillet, nous ne nous doutions guère

l'inutilité de ses tentatives pour trouver des améliorations, établit en principe que tout a été dit par nos devanciers; nous devons nous attendre à voir bientôt autour de Paris des retranchemens à la *Sidi-Ferruch*. Alors, pour être parfaitement tranquilles, il ne nous restera plus qu'à *inviter les armées étrangères à se transformer en Bédouins.*

En 1815, des dispositions défensives ont été projetées et en partie exécutées, ces dispositions sont indiquées sur la *carte militaire des environs de Paris*, l'inspection de cette carte suffit pour faire reconnaître combien ce système est vicieux, et l'on ne conçoit pas qu'il ait pu être proposé

---

que, quelque mois après, l'homme qui avait été le plus assidu dans les salons du déserteur de Waterloo, pour obtenir un commandement sous lui, dans une expédition qui était le prélude de l'enterrement de nos libertés, deviendrait tout à coup digne d'être, auprès d'une puissance étrangère, l'interprète du nouveau gouvernement national qui epxulsait son protecteur, et qu'il serait chargé des travaux destinés à rendre son retour impossible. Mais aujourd'hui rien ne peut plus nous étonner, car le gouvernement de vérité annoncé par le *Roi des Français*, n'est pas encore arrivé; l'influence des coteries et de l'intrigue ne se déracine pas en un jour.

par celui que M. le maréchal Gérard a décoré à la tribune du titre de *premier ingénieur*.

Sur ce plan on a complètement négligé la rive gauche de la Seine, depuis l'île Saint-Denis jusqu'au Champ-de-Mars, excepté Meudon, où l'on a indiqué un petit ouvrage. Il résulte de cette disposition que les lignes du canal Saint-Denis à la Villette, et de Montmartre à Clichi-la-Garenne, sont tournées et tombent naturellement aussitôt que l'ennemi a fait passer un corps d'armée sur la rive gauche : ainsi tout cet échafaudage d'ouvrages et d'inondation ne servirait à rien ; puisque l'ennemi n'attaquerait pas de front ce qu'il rendra inutile, sans perdre un seul homme, en tournant la position.

Quant aux dispositions défensives qui sont sur la rive gauche depuis les Gobelins, jusqu'au Champ-de-Mars, elles font vraiment pitié, et ne seraient pas en état d'arrêter une armée pendant quarante-huit heures ; elles permettent d'arriver très-près de la ville, et de porter l'incendie jusqu'au centre. En un mot, tout ce qui a été projeté à cette époque par M. le général Haxo, n'offre que *des demi-mesures appuyées sur de petits moyens*, qui pourraient être bons contre quelques détachemens de Cosaques, mais qui seraient nécessairement funestes en présence d'une armée formidable comme celle qui sera toujours mise en mouvement quand il s'agira de s'emparer de Paris; car si ces *petits moyens* peuvent inspirer dans le premier moment quelque sécurité à ceux qui n'y comprennent rien, ils amènent bientôt le découragement, lorsque l'on reconnaît que leur but est manqué.

Le 1er juillet 1825 j'ai adressé au ministre de la guerre un mémoire dans lequel se trouvent les passages suivans :

« Mettre la ville de Paris à l'abri d'une attaque de vive
» force, et en état de *soutenir un siège long et opiniâtre*,
» *sans compromettre ses monumens, le repos, la sûreté*
» *et la richesse de ses habitans*, obtenir ces résultats avec
» *peu de dépense et une garnison peu considérable*, tel
» est, selon moi, le problème le plus intéressant que puisse
» se proposer un officier du génie français.
» La solution de ce problème, qui *d'ailleurs s'appli-*
» *querait aisément à toutes les capitales*, est de nature à
» influer sur le sort du monde entier. »

J'indiquai à cette époque une solution de ce problème, qu'il conviendrait de résoudre plus complètement aujourd'hui ; car Paris étant le centre de la civilisation et de la liberté, dont tous les souverains de l'Europe sont également ennemis; s'ils y rentraient encore une fois en vainqueurs, il faudrait s'attendre à d'effroyables malheurs; on doit rendre ces malheurs impossibles; mais ce n'est pas par des demi-mesures que l'on y parviendra.

La muraille d'enceinte de la ville, avec de très-légères modifications, suffit pour rendre un coup de main impossible; d'ailleurs comment oser tenter un coup de main sur un pareil gouffre, renforcé par de bonnes coupures et de nombreuses barricades; ce serait y chercher un tombeau assuré : *cette enceinte forme donc un excellent réduit qui exigera peu de travaux.*

Le but que l'on doit se proposer est de tenir l'ennemi assez éloigné de ce réduit pour qu'il ne puisse pas le bombarder; de le forcer à faire un long siège en règle avant de s'en approcher; et de faire en sorte que maître d'un point il ne le soit pas du reste, comme cela a lieu avec les enceintes bastionnées ordinaires, qui coûtent des sommes énormes, quoique n'offrant que de faibles moyens de résistance.

Il est de la dernière évidence que de simples retranchemens de campagne, tels que ceux que l'on emploie ordinairement, n'atteindraient pas ce but, auquel on ne parviendra que par la *combinaison des ouvrages permanens avec les ouvrages de campagne.*

Mais ces différens ouvrages doivent être faits d'après des principes nouveaux : les fossés à glacis intérieurs, les parapets brisés, les casernes défensives doivent y jouer un grand rôle ; ces élémens combinés avec les tracés à tours bastionnées, donnent à ces derniers un degré de force extraordinaire, et complettent cette belle création de Vauban; résultat naturel d'une idée aussi simple que juste sur la nature des moyens de défense à employer pour les fossés, et sur le nombre des enceintes nécessaires; idée qui n'a pas été comprise par M. le général Haxo lorsque, dans une de nos places, il a réuni deux contre-gardes et une demi-lune, pour former une enceinte angulaire sur l'enceinte à tours bastionnées; en laissant des angles morts qui sont mal rachetés par le reculement de deux petits flancs casematés. Dans toute fortification bien entendue, il ne doit y avoir qu'une enceinte continue ; et pour mettre cette enceinte en brèche, il faut que l'on soit obligé de descendre dans le fossé; de simples ouvrages détachés doivent suffire pour faire précéder la prise de la place de plusieurs époques successives de batteries de brèche. Nos fossés à glacis intérieur remplissent parfaitement cet objet avec une grande économie, ils dispensent des contre-gardes maçonnées, et permettent, ainsi que nous l'avons déjà dit, de les remplacer par des lunettes en terre défendues par le corps de place; ils ont aussi la propriété de fermer les trouées des fossés des demi-lunes et des ouvrages à corne. Vauban regardait ce dernier ouvrage comme excellent; il en a placé sur différens fronts. M. le général Haxo ne paraît pas avoir les mêmes idées; car dans la place dont nous avons parlé il en a *mutilé un*, en le remplaçant par trois enceintes successives, qui serviront de parallèles les unes contre les autres, et qui forment un tel cahos, que pour la défense de cette partie de la place, il serait nécessaire de créer une *compagnie de guides*, afin d'empêcher les défenseurs de s'égarer dans ce labyrinthe. L'ouvrage à corne de Vauban pouvait être amélioré par des fossés à glacis intérieur sans être dénaturé, et sans faire les énormes dépenses qui eussent été refusées à tout homme qui n'eût pas été le membre le plus influent du Comité du Génie.

Terminons cette note en observant que tout système défensif d'après lequel on n'occupera pas les principales positions de la rive gauche de la

Seine par des forts permanens, susceptibles de soutenir un long siège, sera un projet incomplet et inutile, car si l'ennemi se décide à attaquer Paris, il réunira des moyens immenses pour réussir; s'il n'a pas des armées très-supérieures en nombre, il ne tentera pas cette entreprise.

Nous aurons occasion de revenir sur cet objet, et de donner les plans des ouvrages qui nous paraissent les plus propres à atteindre le but, en publiant avec un supplément le mémoire que nous avons adressé au ministre en 1825, et dans lequel il paraît qu'il y avait quelque chose de bon, car M. le général Haxo a mis une de nos dispositions dans son système.

CONCLUSION.

Vauban ayant recounu la faiblesse de la fortification qu'il avait lui-même employée si souvent, sentit la nécessité d'y faire des modifications ; il inventa le système à tours bastionnées.

Ce système exécuté à Béfort, Landau et Neuf-Brisach, réduit à sa plus simple expression, se compose d'une courtine flanquée par deux tours bastionnées et casematées avec fossé d'environ cent à cent-vingt mètres de largeur devant les tours ; mais comme les batteries établies sur la crête du chemin couvert auraient pu mettre le corps de place en brèche, Vauban sentit la nécessité de le couvrir par des contre-gardes et une tenaille, afin de forcer l'ennemi à transporter ses batteries de brèche dans ce fossé, où elles sont exposées aux retours offensifs de l'assiégé, qui peut les attaquer avec la certitude de les enlever.

Le tracé à tours bastionnées établit donc le principe des *larges fossés dans lesquels on puisse placer un couvre-face.*

Notre glacis intérieur repose donc sur le principe adopté par Vauban, *lorsqu'il était dans la force de son talent, perfectionné par une longue expérience des sièges.*

5

CARNOT. Carnot reconnait que dans toute place il faut une enceinte, un couvre-face et un retranchement général ; pour lui, tout le reste est accessoire. Notre glacis intérieur remplissant d'une manière aussi économique que favorable à la défense les fonctions de couvre-face, est évidemment dans les principes de Carnot, et extrêmement avantageux pour la défense rapprochée, telle qu'il entend qu'elle soit organisée, par les feux courbes et par les coups de main.

BOUSMARD. Bousmard et le général Chasseloup, ayant senti la nécessité d'empêcher que l'on ne fît brèche au corps de place par les trouées des fossés des demi-lunes, ont porté ces demi-lunes en avant du glacis ; leur but était rempli, mais les demi-lunes pouvaient être tournées par la gorge, l'assiégé ne pouvait plus les reprendre ; les batteries établies sur le glacis pouvaient faire brèche au corps de place, etc. Avec notre glacis intérieur, *tous les inconvéniens disparaissent, les propriétés restent.* Entre le système de ces ingénieurs (si recommandables, l'un par son ouvrage sur la fortification, l'autre par ses services, son expérience, ses connaissances et ses mémoires), et le nôtre, il n'y a d'autre différence que celle de l'inclinaison de notre glacis, et la contrescarpe portée en avant, ce qui le rend véritablement *terrain de la fortification* (1).

Le général HAXO, dans son système, a aussi senti la nécessité de fermer les trouées du fossé de la demi-lune; sa solution présente plusieurs inconvéniens que nous avons signalés dans nos mémoires sur la fortification (2). Avec notre glacis intérieur on obtient d'une manière plus générale et plus complète les résultats qu'il cherchait. Ce glacis intérieur devrait donc obtenir son approbation.

<small>Le général HAXO.</small>

NAPOLÉON a reconnu que les ouvrages de campagne avaient besoin d'être perfectionnés ; il a tracé *en maître* les conditions auxquelles ils doivent satisfaire : le *glacis intérieur* donne les moyens d'obtenir *promptement* et à peu de frais les résultats qu'il indique; cette disposition obtiendrait donc évidemment l'approbation de Napoléon.

<small>NAPOLÉON.</small>

Ainsi, VAUBAN, CARNOT, BOUSMARD, CHASSELOUP, et NAPOLÉON, voilà les autorités que nous

---

(1 et 2) Voyez nos Mémoires sur la fortification, de la page 82 à la page 89.

pouvons présenter comme ayant eu des idées qui sont parfaitement en harmonie avec celles que nous avons développées, et qui les ont en quelque sorte préparées ; cependant M. le général Haxo, président par intérim du Comité du Génie, a osé mettre à l'écart la lettre dans laquelle on demandait un prompt examen de ces idées et de plusieurs autres non moins importantes ; et c'est lorsque l'on fortifie les environs de Paris, où la disposition du glacis intérieur s'appliquerait d'une manière si utile, sous le rapport de la force et de l'économie, tant aux ouvrages de campagne qu'aux ouvrages permanens, que le Comité du Génie autorise une action semblable, dans la crainte d'être obligé de reconnaître que l'homme auquel on doit une économie d'un million sur la construction des fourneaux des casernes, et une économie de plus de cinq cent mille francs *par an* sur le bois nécessaire à la cuisson des alimens des troupes, a fait aussi des découvertes d'une haute importance dans une science qui peut influer si puissamment sur le sort des États ! Ne craignons pas de le dire, une semblable conduite est celle de *mauvais citoyens*, qui sacrifient les intérêts de leur pays à leur amour-propre. Qu'une effrayante responsabilité pèse sur eux ! ils auront peut-être un jour à répondre de désastres qui n'auraient pas eu lieu si l'examen que nous avions réclamé eût été fait!

Ami sincère de la vérité, je l'ai cherchée avec bonne foi, je l'ai dite avec franchise, sans chercher si elle plairait ou non à ceux qui pouvaient exercer quelque influence sur ma destinée; fortune, santé, bonheur, j'ai tout sacrifié pour arriver à un noble but, quoique l'histoire du corps du Génie m'eût appris que je ne devais attendre pour récompence que des dégoûts et des injustices; les effets ont justifié mes prévisions. Un caractère ferme, et quelques inventions heureuses, m'ont fait des envieux et des ennemis; les uns et les autres ne me feront pas quitter la route que je me suis tracée : si ce n'est pas celle des *honneurs*, c'est celle de l'*honneur*, qui vaut mieux.

Décembre 1830.

Le capitaine du Génie,

Théodore CHOUMARA.

TABLE DES MATIÈRES.

	Pag.
OBSERVATIONS préliminaires sur la fortification de campagne, indiquant la solution du problème proposé par NAPOLÉON sur les redoutes.	1
LETTRE au maréchal Gérard, Ministre de la guerre, sur les fourneaux des casernes, les fortifications et les mines.	7
LETTRE à M. le Commissaire provisoire au département de la guerre, sur les mines volantes et les contre-mines.	31
1re NOTE. L'École Polytechnique, le *Journal des Débats* et le général Valazé.	38
2e NOTE. Le siège de Ciudad-Rodrigo; le général Treussart.	48
3e NOTE. Les généraux Rogniat, Haxo et Valazé.	54
4e NOTE. Les fortifications de Paris.	57
CONCLUSION.	65

FIN DE LA TABLE.

www.ingramcontent.com/pod-product-compliance
Lightning Source LLC
LaVergne TN
LVHW020942090426
835512LV00009B/1677